In 27 17699

RELATION

DE CE QUI S'EST PASSÉ

PENDANT LA MALADIE

DE MADAME

LA DUCHESSE

DE

ROCHECHOUART.

————————

M. DCC. LII.

AVERTISSEMENT.

Madame la Duchesse de Rochechouart a montré dans la longue & douloureuse maladie dont elle est morte, des sentimens d'une piété si tendre, si touchante, si éclairée ; elle y a donné de si grands & de si rares exemples de patience, de soumission à la volonté de Dieu, & de confiance en sa miséricorde, que les personnes qui la servoient, & qui ne l'ont pas perduë de vûe, n'ont pû s'empêcher d'en jetter sur le papier une Rélation, destinée uniquement à leur édification personnelle & à leur propre utilité. Mais cette Rélation a paru si intéressente à quelques amis qui en ont eu communication, qu'ils n'ont pas crû devoir la refuser à l'édification publique. Une pareille lecture est utile & édifiante en tout tems, mais elle est si convenable, surtout dans le saint tems du Carême, qu'on n'a pas hésité à prendre le parti de l'impression. Et afin de donner une idée plus juste de la patience héroïque de cette Dame Chrétienne, on a crû devoir commmencer par une exposition très-sommaire de la maladie. Ce que l'illustre malade avoit à souffrir étonnoit beaucoup ses Médecins, mais la maniére dont elle le souffroit les étonnoit encore davantage. Les douleurs étoient incompréhensibles; & la patience étoit encore plus grande que les douleurs. C'est ce que l'on verra présenté dans cette Rélation, avec le naturel & la simplicité d'un Historien, qui ne s'attache qu'aux choses, qui ne cherche que le vrai, & qui n'écrit que pour lui-même.

RELATION.

De ce qui s'est passé pendant la ma-
ladie de Madame la Duchesse de
Rochechouart.

I.

Idée sommaire de la Maladie.

LA maladie de Madame la Duchesse DE ROCHECHOUART a
été des plus extraordinaires. Elle
commença par une distention
dans le ventre, qui, dans les
prémiers mois, en imposa à la Malade par la
pensée d'une augmentation d'embonpoint.
Cependant le mouvement y formoit une douleur sourde, que Madame la Duchesse adou-
cissoit, en pressant son ventre avec la main.
Il lui étoit avec cela impossible de se coucher
sur un des côtés, sans ressentir sur le champ

4.

une difficulté dans la respiration, & une toux vive & précipitée. Le changement d'attitude faisoit disparoître ces accidens ; ce qui fit pendant plusieurs mois illusion à cette dame, qui n'y voyoit rien d'assez sérieux pour s'en plaindre. Mais les choses prenans de plus en plus un caractére dangereux, la fiévre, la toux, & les douleurs aigues survinrent, & forcérent Madame de Rochechouart à faire l'aveu de tout ce qu'elle avoit senti jusqu'alors. On découvrit qu'il y avoit au bas-ventre, du côté droit, une tumeur grosse comme la forme d'un chapeau, ronde, dure, extrémement douloureuse au tact, que la moindre impression du doigt irritoit au point qu'on lui excitoit une toux convulsive, dont les accès n'étoient point limités. On l'a vû tousser deux ou trois jours sans relache, & si violemment qu'on l'entendoit d'un bout de la maison à l'autre.

Cette toux avoit commencé avec la maladie, & n'a jamais cessé, quelque mieux qui ait paru dans l'état de la malade. La fiévre qui s'étoit jointe à la toux, l'a constamment accompagnée depuis le commencement jusqu'à la fin.

La tumeur a toujours subsisté, & s'est augmentée peu-à-peu, jusqu'à occuper presque toute la capacité du ventre.

Ces symptômes, quoiqu'effrayant, n'é-
toient cependant pas ceux qui excitoient le
plus la sensibilité & l'attendrissement des personnes qui avoient l'honneur d'être auprès de
cette Dame. Les accidens qui partoient d'une
cause plus ancienne, & de la constitution des
nerfs, jettoient dans l'abattement ceux qui
en étoient témoins. Les nerfs entroient dans
de si furieuses convulsions, que quelquefois
il n'y avoit pas un point dans le corps qui ne
fût convulsif. La tension des membranes &
les mouvemens convulsifs des nerfs & des ten-
dons devenoient si violens, qu'on eût dit
que le corps étoit tout à ressorts. On sentoit
les vertébres de l'épine tourner comme un
virebréquin, & la tête de l'humerus se dépla-
cer de sa cavité, & être pendant des heures
entiéres dans un mouvement de rotation, que
la force d'un homme ne pouvoit fixer. Quelquefois l'irritation ne se portoit que dans un
bouquet de nerfs, & les douleurs étoient lo-
cales. Si c'étoit à ceux de l'estomach, ce vis-
cére entroit dans des convulsions qui lui
ôtoient la liberté de faire ses fonctions; & il
étoit plusieurs jours sans permettre le passage à
aucun aliment quelque léger qu'il fût. Tantôt
c'étoit la déglutition, tantôt la respiration,
qui étoient interceptées; & sur les fins de cette
déplorable maladie, le genre nerveux devint,

& si généralement convulsif, que presque toutes les fonctions furent suspendues, & à un
tel point de racoinissement, que si on eût pris
la malade par l'extrémité des pieds, on l'auroit enlevée comme une piéce de bois, sans
faire fléchir son corps.

Lorsqu'on lui touchoit un membre, on
sentoit un mouvement vermiculaire dans toute l'étendue du tact, & il y avoit tant de roi-
deur & de desséchement, qu'on ne distinguoit
aucune flexibilité dans les chairs, de même
que si l'on eût touché un bâton. On passe sous
silence une infinité d'autres accidens, non
moins cruels que les autres, surtout une enflure considérable qui lui rendoit *toute situation infiniment pénible*, & augmentoit beaucoup les douleurs qu'elle souffroit dans tous
ses membres.

Pour faire comprendre ceci, il faut dire,
qu'au moins depuis que l'enflure des jambes &
des cuisses se fut manifestée [ce qui est arrivé,
au plûtard, à la fin d'Octobre,] jusqu'à la
mort de Madame la Duchesse, elle a toujours
été forcée de se tenir dans son lit à son séant,
sans pouvoir s'appuyer que sur ses deux mains;
ce qu'elle faisoit de tems en tems, pour adoucir en quelque sorte la violence de sa situation
ordinaire. Car si le dos seulement portoit un
peu sur les oreillers, aussitôt la toux convulsi-

ve augmentoi confidérablement. L'infomnie étoit prefque habituelle ; & s'il arrivoit quelquefois que la malade voulût s'affoupir, il falloit que quelques-uns de ceuxqui étoient auprès d'elle, fiffent fervir leurs mains pour appuier fon front pendant fon efpéce de fommeil. Il eft arrivé qu'en dormant, elle avoit le dos & la tête appuiés fur fon lit , mais fi rarement que cela ne peut pas être compté pour quelque chofe. Ses jambes étoient fi enflées qu'elles reftoient toujours dans la place où ceux qui les panfoient , les laiffoient après leur panfement.

On feroit trop long , fi l'on vouloit faire en détail une jufte defcription de cette étonnante maladie. Il vaut mieux , pour l'édification des Lecteurs , s'étendre fur les difpofitions non moins étonnantes de l'illuftre malade.

II.

Rélation de ce qui s'est passé pendant la maladie.

Madame la Duchesse de Rochechouart tomba malade le 14 Septembre 1752, dans le Monastére du Calvaire de la Ville de Tours. La maladie jusqu'au 6 Octobre, ne parut être autre que les violentes douleurs de nerfs ausquelles elle étoit sujette ; à quoi se joignoit une toux convulsive assez fréquente. Il y avoit même du relâche & des intervalles dans ses douleurs, & de bonnes nuits de tems à autre.

Dans la nuit du 6, la fiévre se déclara, sa toux devint continuelle, une tumeur qu'elle portoit depuis du tems, sans en rien dire ; au côté droit du ventre, la fit alors souffrir cruellement. Les douleurs de nerfs se faisoient en même tems sentir d'une grande force. Les saignées & autres remédes qu'on employa, ne lui aiant procuré que des soulagemens momentanés, le mal fit du progrés, & dès le 13 du même mois, elle regarda elle-même sa maladie comme très-sérieuse. Elle demanda à se confesser, & reçut le lendemain 14. le Saint Viatique. Les jours suivans elle parut

mieux ; ce qui ne dura pas. La fiévre qui n'a-
voit pas cédé, devint plus forte avec des re-
doublemens fréquents, la douleur du ventre
plus fensible, la toux plus violente, les douleurs de nerfs plus aigues ; l'eftomach ne di-
géroit plus ; la poitrine parut s'affecter, &
l'oppreffion étoit grande. L'enflure fe joignit
à tous ces accidens, & le danger fe montroit
de plus en plus. Les Médecins le déclarérent
très-preffant le 17 & dirent, qu'il ne falloit
pas différer d'en avertir la malade. Le Curé,
fon Confeffeur, le fit ; & elle répondit : *ah !
mon Pafteur, la bonne nouvelle ! Qu'il y a
long-tems que j'en attends l'heureux moment !*
VENI, DOMINE JESU. Elle dit enfuite qu'elle
défiroit attendre au lendemain à recevoir fes
derniers Sacremens, parce qu'elle vouloit auparavant arranger fes affaires temporelles ;
afin de ne plus s'occuper que des befoins de
fon ame & de fon éternité : qu'elle avoit la
confiance, que Dieu lui donneroit tout le tems
dont elle avoit befoin.

Madame la Duchesse fut fi mal toute la nuit,
que l'on craignoit qu'elle ne fût pas le matin
en état de foutenir d'application. Mais elle
s'adreffa à Dieu pour cela avec la foi la plus
vive, & fa confiance ne fut pas vaine. Malgré
la fiévre la plus ardente, une violente oppreffion, une toux fans relâche, une enflure qui

ne lui permettoit pas de trouver de situation ; & des douleurs très-vives & universelles, elle passa plusieurs heures avec ses Notaires, qui admiroient sa présence d'esprit. Après ce travail, cette Dame Chrétienne ne pensa plus qu'à se préparer aux Sacremens, se faisant lire tous les plus beaux endroits de l'Ecriture, & d'autres priéres propres à son état. Elle voulut recevoir d'abord l'Extrème-Onction comme une préparation au Saint Viatique, & fit ensuite son action de graces avec la même application. Quoiqu'elle ne soupirât qu'après l'éternité, néanmoins elle assura plusieurs fois qu'elle ne formoit aucun désir absolu, qu'elle ne demandoit à Dieu ni la vie ni la mort, ni la maladie, ni la santé, mais l'accomplissement de sa volonté en toutes choses, la grace d'aimer cette volonté, & de vivre & mourir dans son amour ; qu'ainsi elle se remettoit entiérement entre ses mains, & que, ne lui étant pas permis de le tenter, elle consentoit à faire les remédes que les Médecins lui avoient proposés, & qu'elle n'avoit différés que parce qu'elle vouloit avant tout arranger ses affaires spirituelles & temporelles.

Cette disposition de soumission à Dieu qu'elle avoit montrée dès le commencement de sa maladie, parut en effet d'une maniére encore plus frappante, & se montroit en tout depuis qu'elle eût reçû ses Sacremens. Il est impossible d'exprimer les douleurs excessives & les maux de tous genres qu'elle a soufferts depuis ce jour 29 Octobre jusqu'au jour de sa mort. Les Médecins sont tous convenus que sa maladie étoit incompréhensible, & qu'on ne pouvoit concevoir qu'elle pû résister si long-tems à une complication de maux & à une multitude d'accidens presque tous mortels par eux-mêmes. La main de Dieu y étoit marquée visiblement. La Malade le sentoit bien, & l'attribuoit à un miracle continuel que Dieu accordoit aux priéres de l'Eglise. Cependant elle espéroit peu sa guérison, même dans les petits intervalles de mieux qu'elle avoit de tems en tems ; mais elle la désiroit encore moins. Lorsqu'elle étoit plus mal, & qu'on vouloit l'engager à s'unir aux priéres que l'on faisoit pour demander sa guérison, elle disoit: *Dieu ne m'a jamais mis dans le cœur de lui demander ce qu'il ne vouloit pas m'accorder ; sa volonté doit être le but & l'objet de nos priéres comme la régle de nos désirs. Ce que je lui demande, c'est un peu de soulagement dans les maux extrêmes que j'endure, ou d'augmenter en moi la patience : car je crains d'en manquer dans l'état violent où je suis. Aussi, je ne demande pas seulement mon pain pour chaque jour, mais mon pain pour chaque moment.*

Dans l'état où je suis, je ne voudrois pas m'oc-cuper de celui qui doit suivre, dont le seul en-visagement me feroit de la peine : au contraire, je ne m'en inquiéte point, parce que j'espére que j'implorerai alors, comme je fais à présent, le secours tout puissant de mon Sauveur. Cette disposition me tient dans une paix profonde. Elle avoit souvent de terribles agitations & des convulsions si violentes, qu'il sembloit que tous ces os se disloquoient. *La guerre, disoit-elle, est dans mes os, mais la paix est dans mon cœur. Dieu le garde, j'en ai une ferme confiance.*

L'esprit de Dieu connoit seul l'étendue & la grandeur des dons dont il avoit comblé cette sainte ame. Tout en elle étoit grand, admirable, soutenu. On peut dire, qu'elle n'a pas perdu un moment dans toute sa mala-die la présence de Dieu. Sa foi se faisoit voir & sentir en toutes choses; sa confiance en J. C. étoit sans bornes, & sembloit augmenter à proportion de ses souffrances; sa patience étoit supérieure aux douleurs les plus conti-nuelles & les plus aigues ; son amour tendre pour Dieu, & sa charité pour le prochain se montroient en tout. La priére étoit toute sa consolation, l'Ecriture Sainte, surtout l'E-vangile & les Pseaumes, faisoient ses délices. La paix de son ame lui donnoit une égalité d'humeur inaltérable, & produifoit même en elle une joie intérieure au milieu des plus cruelles fouffrances. L'humilité dont elle étoit remplie lui infpiroit des fentimens de pénitence & de mépris d'elle-même, qui ne fe peuvent exprimer, & une telle dépendance envers les perfonnes qui avoient l'honneur de la fervir, qu'elles en étoient couvertes de confufion. Cette Duchefse demandoit fes befoins avec une douceur qui furprenoit toujours : elle témoignoit autant de reconnoiffance pour les moindres fervices qu'on lui rendoit, que l'eût pû faire un pauvre. Il y a eu une multitude de traits qui ont prouvé combien toutes ces vertus avoient jetté depuis long-tems de profondes racines dans le cœur de cette refpectable défunte. On voudroit pouvoir les rapporter tous, puifque rien n'eft plus édifiant : mais comment le faire ? Ce n'étoit point par des difcours ou feulement dans des occafions particuliéres qu'elle faifoit connoître fur cela les difpofitions de fon ame ; ce n'étoit fouvent qu'une parole, qu'une action toute fimple en apparence, qui découvroient les tréfors de graces dont fon cœur étoit plein. Les perfonnes qui ont eu le bonheur de la voir, furtout pendant cette maladie, en confervent une vive & forte impreffion : mais cette impreffion furpaffe infiniment tout ce qu'elles en pourroient dire. Voici seulement quelques remarques qu'on a encore faites.

On voioit sensiblement chaque jour dans cette précieuse malade un progrès considérable dans toutes les vertus. Quelque vive qu'elle fût par tempérament, il paroissoit dans ses désirs, dans ses paroles une modération admirable. La répugnance extrême qu'elle avoit pour tous les remédes, l'expérience qu'elle avoit faite toute sa vie de l'inutilité, & même du danger de la plûpart pour elle, la complication d'accidens qu'elle avoit tout-à-la fois, qui faisoient que les uns contre-indiquoient un reméde qui paroissoit nécessaire pour les autres, l'engageoient souvent à s'opposer à ceux que les Médecins lui proposoient. Cette opposition lui faisoit toujours une sorte de peine. *Je suis là*, disoit-elle, *pour faire la volonté de Dieu: Il veut que je souffre, cela n'est pas équivoque: mais il est aussi de son ordre que j'use des remédes qui me peuvent soulager. C'est donc dans cette vûe que je dois me soumettre aux Médecins. Mais d'un autre côté, m'est-il permis de prendre des remédes que je sais qui me feront mal, & ne seroit-ce point tenter Dieu? Voilà donc ce qui fait que je ne me rends pas.* En effet, quand il n'étoit question que de sacrifier sa répugnance, elle n'hésitoit pas, quelque peu de confiance qu'elle eût dans le reméde dont il étoit question. Elle disoit alors, que tout cela faisoit partie de son calice, & qu'elle n'en vouloit rien perdre. Tous ses membres sans exception étoient dans des souffrances inconcevables : mais elle en parloit comme si c'eût été d'un corps étranger.

Dure pour elle - même, Madame la Duchesse étoit pleine de compassion pour le prochain. L'excès de ses maux ne l'empêchoit pas de s'occuper des personnes qu'elle sçavoit être malades. Elle en demandoit des nouvelles, leur envoioit une partie de ses alimens ; & cela dans des jours où son état faisoit douter qu'elle pût penser. On ne peut dire jusqu'à quel point elle étoit attentive à procurer du repos & du soulagement aux personnes qui lui rendoient service. Elle a souvent avoué qu'elle ressentoit beaucoup plus vivement la fatigue qu'elle leur causoit que ses propres maux. Il falloit prendre toutes sortes de moiens pour lui adoucir cette peine, tant elle paroissoit lui être sensible. De son côté, elle n'oublioit rien de tout ce qui pouvoit consoler ou obliger celles qui la servoient. Jamais elle ne manquoit de faire remarquer les moindres diminutions qu'elle éprouvoit dans ses maux ; elle en témoignoit même de la joye, quelque peu d'espérance qu'elle fondât sur ces petits mieux ; parce qu'elle voioit que c'étoit pour les autres une consolation qui les soutenoit. Elle disoit que Dieu ne lui donnoit ces petits soulagemens que pour cela; & elle l'en remercioit.

Dès le commencement de sa maladie elle s'étoit imposée, selon sa coutume, des pratiques & des exercices de piété, dont elle s'est acquittée avec la plus grande exactitude jusqu'à ses derniers jours. Quoiqu'elle eût des nuits terribles, elle avoit néanmoins presque toujours un peu de mieux le matin. Jamais elle n'oublioit d'en profiter, pour faire dire auprès d'elle les priéres de Prime, & se faire lire quelques verset s de l'Evangile. *C'est*, disoit-elle, *une nourriture nécessaire à mon ame, & dont j'ai besoin, soit pour porter l'augmentation de mes douleurs, ou l'amertume des remédes.* Dans le cours de la journée elle vouloit qu'on lui fît dire quelques Pseaumes, ou au moins quelques Versets des diverses Heures de l'Office. S'il arrivoit qu'on n'osât le faire à cause de ses grandes souffrances, & par la crainte de la fatiguer, elle y pensoit d'elle-même, & le demandoit, en disant que c'étoit le plus grand soulagement qu'on pût lui donner. Elle avoit fait écrire de courtes Sentences de l'Ecriture sainte ou des Péres, sur de petites cartes qui demeuroient sur son lit attachées ensemble, afin que, lorsqu'on lui donnoit du bouillon ou autre chose, on donnât en même tems un peu de nourriture
à son

à son ame, en lui faisant la lecture d'une de ces Sentences qu'elle tiroit. On voyoit toujours, jusques sur son visage, l'impression que la vérité faisoit sur son cœur.

Elle avoit un desir continuel de s'unir à J. C. par la réception de la sainte Eucharistie. Pour satisfaire ce desir, on la lui donna trois fois en Viatique, & quatre fois à jeun, dans le cours de sa maladie. Quelque violentes que fussent ses douleurs, on la voyoit se surmonter elle-même dans ces heures-là, pour donner toute l'application convenable à une action si sainte. C'étoit son unique consolation & la source où elle puisoit des forces toujours nouvelles. L'expérience qu'elle en avoit, la porta à demander ce secours pour la nuit suivante, un jour où elle avoit été extrémement mal, & dans des souffrances terribles. Sur le soir, une des personnes qui la servoit, lui demanda si elle persévéroit dans ce desir, afin de préparer sa chambre ; elle lui répondit avec un sentiment d'humilité qui s'exprimoit même dans son intérieur : *Oui, j'espere avoir cette grace. J'en suis bien indigne ; mais je suis sur la roue, c'est mon excuse : car j'ai grand besoin de forces.*

Il arrivoit quelquefois, dans ses douleurs longues & excessives, que la crainte qu'elle avoit de se lasser & de perdre la patience, la

B

troubloit & l'inquiétoit. Ce trouble n'étoit que dans les sens, & sa parfaite soumission à Dieu n'en souffroit point : mais elle en étoit effrayée. Son recours étoit la priére ; elle demandoit qu'on priât pour elle, qu'on priât auprès d'elle, qu'on priât avec elle. La récitation d'un Pseaume la calmoit d'ordinaire dans l'instant. Si l'épreuve duroit davantage, elle prenoit son Crucifix, & répandoit en secret son ame devant Dieu, avec la simplicité & la confiance d'un enfant envers son pére. Son seul extérieur alors étoit le spectacle le plus touchant, & dont la vûe imprimoit dans l'ame un sentiment qu'on ne peut rendre. D'autres fois, dans ses violentes douleurs, elle mettoit le nouveau Testament sur son cœur & sur sa tête, en disant avec une foi & une ferveur inexprimables : *Parole de vie, fortifiez-moi!* On voyoit sensiblement, après ces saintes pratiques, l'effet de sa priére, ou par un soulagement inespéré, ou par une augmentation de patience & de paix des plus marquées. Elle dit un jour, qu'en mettant ainsi le nouveau Testament sur sa tête, elle se rappelloit une vérité, & faisoit une réflexion qui la consoloit beaucoup. C'est que, *tous les Elûs étant les pierres vives qui doivent entrer dans l'édifice éternel, il faut pour cela qu'ils soient taillés en cette vie ; & que, comme l'ouvrier, pour juger de* ce qu'il doit tailler & retrancher de la pierre, y pose sa régle, elle posoit ainsi sur elle l'Evangile, qui est la régle des Chrétiens, afin qu'il réformât tout ce qu'il y avoit en elle d'inégal & de rude. Elle ajouta, & elle le répéta souvent depuis, qu'étant une pierre dure, il lui falloit de grands coups, afin qu'elle fût en état d'entrer dans la structure de cet édifice céleste ; qu'ainsi son état actuel étoit pour elle un juste motif de consolation, quelque dur & pénible qu'il fût à la nature. Elle ne se lassoit point d'admirer les miséricordes de Dieu sur elle. Quand pour la consoler, la fortifier dans des momens plus pénibles, & où elle craignoit de s'affoiblir, on lui rappelloit différentes circonstances de sa vie où la bonté de Dieu à son égard étoit plus marquée, & en particulier, les graces singuliéres dont il la combloit dans cette maladie, elle se ranimoit aussitôt, & son ame reprenoit une nouvelle vigueur. Demandez pour moi, disoit-elle alors, un cœur qui sente les miséricordes de mon Dieu, un cœur sensible & reconnoissant ; car je crains l'ingratitude.

Un jour qu'elle avoit été pendant plus de 12 heures dans des souffrances qu'on ne peut comparer à rien qui en donne une légére idée, on fut extrémement surpris lorsque, le soir, elle demanda des nouvelles d'une personne à qui la charité l'avoit unie, & dont rien ne lui rappelloit le souvenir actuellement. Celle à qui elle parloit lui marqua son étonnement de ce que, dans son état. Elle avoit pû seulement penser à cette personne ; elle lui fit cette réponse : *Il est vrai que mes douleurs & mes souffrances vont au-de-là de tout ce qu'on en peut comprendre ; j'y aurois perdu, il y a long-tems, la raison & même la vie, si Dieu ne m'eût soutenue par une grace toute-puissante : mais par sa miséricorde, non seulemēnt il me soutient, mais il me rend alors sa présence si sensible que je ne le perds point de vûe. Me regardant sur la Croix, unie à J. C. d'une maniére toute particuliére, j'ose tout lui demander dans ces momens précieux. Je me suis souvent rappellée un trait de la vie de S. Policarpe, qui, dans le tems même de son martyre, pria pour toute l'Eglise Catholique, & en particulier pour diverses personnes. Dieu me fait la grace d'observer cette pratique.* Elle nomma ensuite quelques personnes dont elle avoit été fort occupée ce jour-là. Après quoi cette Dame vraiment Chrétienne témoigna, ainsi qu'elle le faisoit souvent, son tendre amour pour l'Eglise, dont les maux lui étoient toujours très-sensibles ; combien elle s'en occupoit, avec quelle ardeur elle demandoit la paix pour elle. *Pourrois-je jamais oublier,* disoit-elle, *les intérêts dec ette sainte Mere ? Je lui dois tant ; mon cœur eſt pénétré des maux qui l'affligent, des perſécutions qui l'agitent, des diviſions qui la déchirent. La vérité dont elle eſt la dépoſitaire, mérite ſeule d'être aimée ; & on la contredit, on la perſécute partout.* On lui rappella la diſpoſition du Prophéte Elie. *Il ne m'eſt pas permis,* reprit-elle, *de me comparer à un ſi grand Saint : mais il me ſemble que, par la grace de Dieu, je pourrois dire comme lui :* JE BRULE DE ZELE POUR VOUS, SEIGNEUR.

Il étoit rare qu'elle fît de ſi longs diſcours ; mais dans le peu de paroles qu'elle diſoit, on voyoit toujours le même feu, cette même ardeur pour les intérêts de la vérité, cet amour de Dieu ſi vif, un entier détachement de la terre, un reſpect toujours nouveau pour la Religion, une tendre charité pour le Prochain, le don de la ſouffrance dans un ſi haut degré, qu'elle n'eſtimoit de bonheur que celui de ſouffrir. *Rien,* diſoit-elle un jour, *n'allume plus dans une ame la faim & la ſoif de la juſtice, que l'état de ſouffrance ; rien qui donne tant d'horreur du péché, & qui inſpire plus de deſirs de l'éternité. Auſſi cet état, qui nous donne d'ailleurs un moyen de ſatisfaire à Dieu, eſt-il préférable à tous les plaiſirs & à toutes les ſatisfactions de cette vie. Il m'étoit néceſſaire, & je ne puis aſſez bénir Dieu du*

choix qu'il en a fait pour moi. MISERICOR-
DIAS DOMINI IN ÆTERNUM CANTABO.
Quelque sincéres que fussent en elle ces sentimens & cette disposition, Dieu l'éprouvoit
quelquefois, comme on l'a remarqué, en
permettant qu'elle sentît d'une maniére très-
vive l'opposition des sens & de la nature aux
cruelles souffrances qu'elle enduroit. Elle
s'affligeoit dans ces momens, & demandoit
de la consolation. Il ne lui en falloit jamais
d'autres que de la rappeller aux vérités de la
foi, aux exemples de Jesus-Christ, aux mys-
téres de sa Passion, ausquels ses souffrances
intérieures & extérieures avoient plus de rap-
port. Elle revenoit aussitôt à elle-même, &
remercioit avec autant d'humilité que de
reconnoissance les personnes qui lui avoient
parlé. Je ressens, ajoutoit-elle, *encore plus ce*
service que ceux qu'on rend à mon corps,
quelque pénétrée que je sois de tout le zéle avec
lequel on prend soin de moi. S'il arrivoit qu'elle
demandât quelque soulagement, soit un changement de situation ou autre chose, & qu'elle
vît, qu'après avoir essayé différens moyens,
on n'y pouvoit parvenir, elle disoit aussitôt :
N'y pensons plus, Dieu veut que je souffre ;
que sa volonté soit faite. Un jour qu'on s'apperçut d'un nouvel accident qui lui étoit surve-
nu, on lui dit : Voilà donc encore un nouveau

clou qui vous attache à la Croix? *Hé, oüi, répondit-elle, quelle grace, & encore je me plains?*
Dans une autre occasion elle dit: *c'eſt ma pauvre nature qui ſe laſſe; mais elle a beau crier,
deſcendez de la Croix, j'y demeurerai avec
mon Sauveur juſqu'à la fin, oui, juſqu'à la
fin, tant qu'il lui plaira.* Elle jettoit ſouvent
les yeux ſur deux images qu'elle avoit fait
mettre au pied de ſon lit, l'une repréſentant
notre Sauveur au jardin des olives, & l'autre le
portement de Croix. La vûe ſeule de ces deux
objets la ranimoit & la fortifioit. On voyoit
habituellement en elle une ſainte induſtrire
pour donner de quelque maniére que ce fût,
un ſoutien & une nourriture à ſon ame. C'étoit
ſa grande foi qui donnoit du prix aux pratiques les plus ſimples en apparence, & qui faiſoit qu'elle ne négligeoit rien.

Dans les heures où l'on offroit en particulier pour elle le ſaint Sacrifice de la Meſſe, ou
que l'on faiſoit actuellement des Neuvaines,
Proceſſions ou autres priéres pour obtenir ſa
guériſon, on l'en avertiſſoit auparavant, afin
qu'elle s'y unît. Elle le faiſoit; mais en diſant
toujours qu'il ne falloit demander & deſirer
que l'accompliſſement de la volonté de Dieu.
On remarquoit que preſque toujours dans ces
tems-là ſes douleurs & ſes maux augmen-
toient. La malade en étoit frappée elle-même,

& difoit : *Sentez-vous comment la volonté de Dieu fe déclare, & combien eft grande fa miféricorde ? Il ne m'accorde pas le foulagement qu'on lui demande : mais ne dois-je pas attribuer à la ferveur de tant de priéres la paix intérieure qu'il me donne, & la force étonnante que j'ai dans un état auffi violent ? Ces graces font bien plus précieufes que la fanté. Remercions-le donc fans ceffe.*

Quelque vif que fût fon defir d'aller à Dieu, & d'arriver à cette célefte patrie, après laquelle elle foupiroit continuellement, fon cœur néanmoins fouffroit une peine extrême & un vrai déchirement, quand elle jettoit la vûe fur tant de perfonnes qu'elle laifferoit, par fa mort, dans l'affliction. On ne peut exprimer jufqu'où alloit fa fenfibilité fur ce point, & tous les facrifices qu'elle en faifoit. Cette difpofition rare dans les perfonnes mourantes, qui d'ordinaire ne peuvent guéres s'occuper que d'elles-mêmes, étoit pour celle-ci la partie de fa Croix qu'elle avoit le plus de peine à porter. Elle l'avouoit humblement. Quelqu'un qui ne connoiffoit pas encore cette fenfibilité de notre malade, lui parloit un jour de plufieurs perfonnes dont le fouvenir pouvoit l'attendrir. Elle lui dit fur cela : *Il faut laiffer au démon le foin de tenter les hommes, puifque Dieu le lui permet : mais il ne faut pas fe charger*
foi-même

foi-même d'un tel miniſtére. On connut dans la
ſuite en pluſieurs occaſions combien cette ten-
dreſſe de ſon cœur la faiſoit ſouffrir, & combien elle fut fidéle juſqu'à la fin à renouveller
le ſacrifice de ce genre de ſouffrances.

Après avoir eu quelques petits intervalles
de mieux, Madame la Ducheſſe devint plus
mal au commencement de Décembre. On la
crut dès le Jeudy 7 à ſon dernier jour. Elle
ſoutint ſes nouveaux aſſauts avec la même
conſtance & la même paix. Aux violentes agitations qu'elle avoit eues pendant tout le jour
ſuccéda dans la nuit une ſyncope. Comme dans
ce moment elle paroiſſoit tranquille, & qu'elle
n'avertit point de ſa foibleſſe, pour ne pas
allarmer les perſonnes qui étoient dans ſa
chambre, on ne s'en apperçut que parce qu'on
lui entendit prononcer, quoique fort bas, ces
paroles : *In manus tuas.* Quand la malade revint de cet accident, les prémiers mots qu'elle
articula, furent : *Veni, Domine Jeſu !* Elle eut
le Vendredi quelque peu de mieux, dont elle
profita pour vaquer encore à quelqu'arrange-
ment de temporel. C'étoit avec une préſence
d'eſprit & une tranquillité que rien n'altéroit.
Elle avoua, qu'elle étoit incomparablement
plus contente en faiſant ces petits arrangemens, qu'elle ne l'étoit l'année précédente en
faiſant à-peu-près dans ce même tems, ſes
paquets pour Paris.　　　　　　　C

Madame la Duchesse donnoit en toutes rencontres des preuves de son parfait & entier détachement de toutes les choses de la terre, de son mépris des richesses & des commodités de la vie. Elle dit un jour, qu'elle avoit fait pendant long-tems, & dès sa première jeunesse, une prière qu'elle aimoit beaucoup, dans laquelle elle demandoit à Dieu l'esprit de prière, le don de la souffrance, l'amour des pauvres & de la pauvreté ; qu'elle rendoit graces à Dieu bien souvent de ce qu'il avoit répandu dans son cœur les prémices de ces vertus : mais qu'elle pensoit quelquefois qu'elle pouvoit se faire illusion sur l'amour de la pauvreté, parce que ce n'est qu'en la pratiquant qu'on peut juger si on l'a véritablement ; qu'elle avoit donc grand sujet de le bénir de ce que, par des arrangemens de sa Providence, elle se trouvoit actuellement dans le cas. *J'ai de la peine*, ajouta-t-elle, *de ce que cette pauvreté me met dans l'impuissance de faire ce que je voudrois ; car je ne possède pour tout argent qu'un écu : mais j'en fais à Dieu le sacrifice de tout mon cœur. C'est ainsi qu'il faut dépendre de lui en tout & pour tout. C'est là vie de l'ame.*

La nuit du Samedi 9 Décembre elle eut une foiblesse considérable, qui fit encore beaucoup craindre pour sa vie. Depuis quelques jours il s'étoit joint à tous ses maux un vomissement qui ne permettoit pas de lui réitérer le Saint Viatique. Cette privation lui étoit très-sensible. Elle dit plusieurs fois qu'elle desiroit ardemment de s'unir avec Jesus - Christ. *Cependant*, ajoutoit - elle, *je soumets ce desir à la volonté de Dieu; puisque cette soumission pleine & entiere fait en ce moment mon unique devoir. Je m'abandonne à Dieu avec une ferme confiance, que, si ce puissant secours m'est nécessaire, il me le donnera. Oui, il faut sacrifier à cette adorable volonté nos desirs les plus légitimes, tous, tous, tous, sans exception. Je le fais de toute la plénitude de mon cœur, & j'ai la paix, cette paix qui surpasse tout sentiment. C'est une grande consolation dans mon état.* Dieu lui accorda selon sa foi. Son vomissement cessa le Dimanche 10 ; & sur le soir on lui donna le Saint Viatique. Quand elle l'eût reçu, tous ses vœux parurent accomplis, & sa joye parfaite. Elle récita le Cantique de Simeon dans des sentimens aussi vifs que ceux de ce saint Vieillard. On ne peut mieux représenter ces dispositions qu'en les comparant à celles de S. Augustin, quand il parle de son amour pour Dieu, de son ardeur pour le Ciel ; soit qu'elle se servît, comme elle faisoit souvent, des propres expressions de ce Saint dont elle éprouvoit l'ardeur, soit qu'elle formât elle-même ses prières sur ce modéle. Pouvant à peine articuler, mais pleine de force & de vigueur intérieures, rien n'étoit plus beau ni plus touchant que de l'entendre. Comme elle avoit grand besoin de repos, & qu'on craignoit qu'elle ne se fatiguât trop, on la pria de se réposer. Elle répondit, qu'elle alloit essaier de le faire, en disant comme l'Epouse : *Je dors, mais mon cœur veille.*

Ce repos ne put être long. Vers onze heures, il lui prit encore une foiblesse plus considérable que les précédentes, qui fut suivie de plusieurs autres & de beaucoup de convulsions. La connoissance ne lui manqua que quelques minutes; mais jusqu'à huit heures du matin son état parut ne point différer de l'agonie. Elle y conserva une présence d'esprit parfaite, dont elle profita pour s'unir avec une ferveur admirable à toutes les priéres qu'on fit auprès d'elle. Comme dès le soir elle avoit recommandé de ne pas attendre ses derniers momens pour faire les priéres de l'agonie, & de les réciter en françois, on lui en fit alors la proposition. Cette pieuse mourante la reçut avec joie, & se joignit à toutes les priéres. Elle renouvella ses vœux de Batême, tenant le Crucifix d'une main, & le cierge béni de l'autre, dans une situation & avec des expressions qui montroient tous les sentimens de son cœur. Il lui prenoit de tems à autre des convulfions dont une fut fi violente, qu'on crût qu'elle expiroit. M. le Curé l'en avertit par un petit mot qu'il lui dit. *Pas encore*, lui répondit-elle avec une parfaite tranquillité. Dans les intervalles des accès de foiblesse ou de convulfion, on cessoit de réciter des priéres tout haut. Alors elle demandoit qu'on lui dît au-moins quelques paroles de Dieu, & qu'on l'aidât à prier. *Les momens font précieux*, difoit-elle, *il faut les ménager tous.*

Contre toute apparence la malade revint de cette extrémité. Elle fut même fuivie d'un mieux furprenant, depuis midi de ce jour Lundi jufqu'au foir du Mercredi 13. Mais depuis ce moment elle paffa à des épreuves d'un nouveau genre & infiniment plus dures pour elle. Dieu vouloit la purifier dans toutes les parties de fon être. A cette paix profonde dont elle avoit joui, fuccéda un état de trouble & d'angoiffe qui paroiffoit jufques fur fon vifage. Cette ame fi fainte fe fentit tout-à-coup effrayée, agitée, peinée. Sa confiance lui parut une préfomption; *Dieu m'a rejettée*, s'écrioit-elle, *je n'ai plus la paix.* On lui rappelloit envain tout ce qui jufqu'alors avoit fait fa confolation; elle n'y trouvoit plus rien qui pût la raffurer. Ses propos peu fuivis marquoient bien que fa tête n'étoit pas libre, que fes idées fe brouilloient : mais ce qu'elle

disoit faisoit assez comprendre que l'agitation
de son esprit étoit moins l'effet naturel de son
mal qu'une terrible épreuve dont on n'apper-
cevoit que la plus legére partie. Cet affreux
état dura plus de quatre jours. Dans de courts
intervalles, la malade paroissoit revenir à elle-
même, mais toujours peinée. Enfin le Dimanche au soir 17 Décembre le calme succéda
tout-à-coup à cette horrible tempête.

Que j'ai passé par un état violent, dit alors
notre chere malade ! *Les plus grandes souf-*
frances du corps n'y peuvent être comparées. Je
n'ai point eu de tête. Mais le Seigneur me re-
lévera de l'opprobre quand il lui plaira ; l'es-
sentiel, c'est que je ne l'ai point offensé. Je le
craignois ; mais il me fait sentir au fond du
cœur d'une maniére que je ne peux dire, que je
ne l'ai pas fait. Je suis tranquille. Elle ne parloit qu'avec une peine extrème, & à peine on
pouvoit l'entendre. En montrant son cœur,
elle dit : *la paix, la paix.* On lui rappella le
dernier verset du Pseaume 65. *Béni soit Dieu,*
qui n'a pas rejetté ma priére, ni retiré sa mi-
séricorde de dessus moi. Elle le répéta. On récita ensuite quantité d'autres versets choisis de
différens Pseaumes : elle achevoit le Verset,
& ajoutoit même les suivans, s'ils étoient
propres à son état. Dans la nuit suivante &
presque toute la journée du Lundi, comme sa

foiblesse étoit excessive , on ne pouvoit faire auprès d'elle aucune priére à haute voix ; mais Dieu y suppléa : car elle ne cessa de réciter continuellement des priéres tirées des endroits les plus touchans des Pseaumes ; sa mémoire lui en fournissant alors plus qu'elle n'avoit fait pendant toute sa maladie. C'étoit un sujet continuel d'admiration & d'étonnement. Sur les cinq heures du soir, cette excessive foiblesse aiant augmenté, Madame la Duchesse tomba dans l'agonie. M. le Curé lui dit que le moment après lequel elle soupiroit depuis si long-tems , étoit bien proche. *Cela est il bien vrai ,* répondit-elle , *le croyez-vous?* Lorsqu'ils l'en eut assuré, elle s'écria en faisant effort pour élever sa voix. *Veni , Domine Jesu.* Après quoi , elle dit les premiers versets du Pseaume 121 , & se joignit aux priéres, que l'on continua de faire auprès d'elle. Depuis 10 heures, elle ne donna plus que de légéres marques de connoissance. Les dernieres paroles qu'on lui entendit articuler, furent : *Aiez pitié de moi , mon Dieu , selon l'étendue de votre miséricorde. Pardonnez-moi mon iniquité , car elle est grande. Vie éternelle de mon Dieu, vous êtes ma vie! Veni , Domine Jesu.* Quoiqu'elle ne donnât plus de signes de connoissance, on vit jusqu'à la fin dans tout son extérieur les marques d'une paix profonde. Elle souffroit cruellement, mais en conservant toujours la même patience, & la même tranquillité: c'est ainsi qu'elle passa sans aucune agitation de cette misérable vie à une meilleure, le Mardi 19 Décembre, à dix heures & demie du matin.

Comme cette Dame Chrétienne avoit envisagé la mort avec constance & même avec joie, elle avoit tout prévû, & sans se troubler. Un de ses soins avoit été de récommander à une des Demoiselles qui la servoient, qu'elle fût seule avec une Religieuse qui lui avoit rendu service dans sa maladie, pour l'ensevellir. Voulant se conformer à ses intentions, elles s'enfermérent dans sa chambre quatre heures après sa mort, pour remplir ce dernier devoir. Le corps fut tellement roide & les membres si retirés, que ces bonnes filles pensérent d'abord qu'elles seroient obligées de se faire aider. Mais aussitôt se rappellant la demande de la défunte, qui leur parut une loi inviolable, elle se dirent : ne nous inquiétons point, elle nous aidera, prions Dieu. Dans l'instant, elles trouvérent le corps souple & maniable comme celui d'un enfant. Sans peine & sans effort, elles le deshabillérent, le lavérent, lui mirent sa chemise, disposérent son lit & tout le reste. En très-peu de tems tout fut fait. La facilité qu'elles

éprouvoient dans ces opérations, leur rendoit sensible la main toute puissante qui les
aidoit, & le soin particulier que Dieu prenoit
de la dépouille mortelle de l'ame bien-heu-
reuse qu'il avoit déja récompensée. *Bienheu-*
reux sont ceux qui meurent dans le Seigneur :
car leurs œuvres les suivent. Que mon ame
meure de la mort des justes. Amen.

Comme tout étoit grand & édifiant dans les
dispositions de Madame la Duchesse de Rochechouart, nous voudrions pouvoir n'en
rien perdre. Voici encore quelques traits que
nous nous rappellons.

On voioit en toute occasion combien la
grace agissoit sur son cœur. Les Sacremens
qu'elle avoit le bonheur de recevoir en étoient
toujours de nouvelles sources dont l'écoule-
ment n'étoit point passager. Depuis qu'on lui
eut donné l'Extrême-Onction, elle ne perdit
point de vûe l'effet que ce Sacrement devoit
produire. Bien du tems après, aiant une con-
traction terrible dans tous les nerfs, qui lui
causoit de violentes convulsions dans les pieds
& dans les mains, elle dit en les montrant.
Que j'avois grand besoin des saintes Onctions !
Ne suis je pas bien heureuse de les avoir reçues ?
Tous mes sens ont péché, il faut qu'ils soient
purifiés : j'espére que cette croix que Dieu m'im-
pose, achevera de le faire. Mais j'avois aussi

grand besoin de la force & du courage que donnent ces Onctions, pour porter les vives douleurs que je souffre dans tous mes membres.
Cette vraie Pénitente se regardoit sur son lit
de douleur comme étant d'une maniére particuliére entre les mains de Dieu. Elle le consi-
déroit comme attentif à appliquer aux différentes playes de son ame des remédes salutai-
res. Aussi jamais on ne l'entendoit faire aucune plainte. Une de ses pratiques étoit de ne
rien dire des maux qui lui survenoient, lorsqu'elle croioit qu'on ne s'en appercevroit pas,
ou qu'on n'y pourroit pas remédier. Il arrivoit quelquefois qu'on lui faisoit mal en voulant la soulager ; elle consoloit celles à qui
cela étoit arrivé. D'autrefois, quand elle
voioit qu'on ne pouvoit parvenir à lui donner
ou quelque soulagement, ou quelque changement de situation, elle disoit avec un air
de douceur & de contentement : *Vous voiez*
bien que Dieu veut que je souffre, je resterai
comme je suis, ne vous en inquiétez point, ne
vous en affligez point, je vous en prie. Quand
on insistoit, ne pouvant la voir tant souffrir
sans faire quelque nouvel essai, elle disoit
avec la même tranquillité : *faites tout ce que*
vous voudrez.

A l'occasion de quelques petits arrangemens
qu'elle faisoit, elle dit à une Religieuse qui

étoit auprès d'elle : *il faut profiter de tous les momens que Dieu me donne.* Croiez-vous donc mourir de cette maladie, répondit la Religieuse ? *Oui je le crois*, reprit la malade, *& je l'espére. Envain*, ajoûta-t'elle, *on se flatte de devenir meilleure en vieillissant, le démon nous trompe. C'est plutôt l'attache à la vie qui nous fait souhaiter de vivre, que le désir de satisfaire à la justice divine. L'expérience nous l'apprend tous les jours. Nous ne sommes pas assez en garde contre notre propre cœur. Au reste, nous ne sommes en sureté que lorsque nous ne désirons que la volonté de Dieu.* FIAT FIAT. Elle demanda ensuite à cette Religieuse si elle prioit Dieu de lui rendre la santé. Oui, répondit celle-ci : mais j'aimerois encore mieux vous voir mourir, que de vous voir offenser Dieu après votre guérison. On ne peut exprimer avec quelle joie elle reçut cette réponse. *Je suis convaincue*, lui dit-elle en l'embrassant, *que vous m'aimez véritablement.* On remarqua que depuis ce jour la Duchesse lui témoignoit encore plus de confiance & d'amitié qu'auparavant. Elle avoit disposé en sa faveur d'un petit Crucifix qu'elle révéroit beaucoup. Lorsqu'on l'a vit plus mal, la Religieuse le lui présenta. La respectable malade le prit entre ses mains avec un transport de joie, & marqua une sensible reconnoissan-

ce de ce qu'elle y avoit pensé. Cet objet là
consoloit, la fortifioit : elle l'appelloit sa
sauvegarde ainsi que le Saint Evangile. Comme
elle faisoit usage de tout pour animer sa foi &
sa confiance ; elle demanda, quelques jours
avant sa mort, qu'on lui apportât le commencement de l'Evangile selon St. Jean, qu'on
dit à la fin de la Messe. Elle le mit sur son
cœur, & fit promettre qu'on l'enterreroit avec
ce trésor. *C'étoit*, dit-elle, *la dévotion des
prémiers Chrétiens ; & j'en ai beaucoup à m'y
conformer.*

Quelque tems avant de tomber malade,
étant à travailler avec une Religieuse, & s'en-
tretenant à son ordinaire de matiéres de piété,
elle lui dit : *Comprenez-vous comment on peut
dire qu'on aime mieux souffrir en purgatoire que
dans ce monde ?* La Religieuse lui répondit :
mais, oui ; car enfin on y est à couvert des pé-
rils dont on est environné dans cette vie. On
ne craint plus de perdre la patience ; on n'a
plus l'incertitude de la persévérance, & le
danger d'offenser Dieu. *Cela est vrai*, ré-
pliqua la Duchesse, *j'en conviens. Néanmoins
mon sentiment à cet égard n'est pas le même.
Sentez-vous ce que sera notre ame, une fois dé-
livrée de ce corps de mort ? Elle est le souffle de
Dieu même ; sa pente, son penchant la portera
vers cet adorable objet avec une ardeur que rien*

ici-bas ne peut exprimer. Quel supplice donc pour cette ame créée pour jouir de Dieu, qui a le bonheur de l'aimer; qui est assurée de le posséder, de s'en voir privée! Pour moi, je crois qu'aucune souffrance de cette vie ne peut entrer en comparaison avec la peine & la douleur qu'une telle séparation cause à une ame immortelle, qui n'est plus appésantie par le poids du corps. Ainsi je ne balance pas dans le choix, & je prie Dieu de me faire la miséricorde de me châtier dans ce monde tant qu'il lui plaira, afin que rien ne retarde à ma pauvre ame le bonheur de le posséder. Ah! lorsqu'elle ne sera plus prisonnière dans ce miserable corps, avec quelle impétuosité n'ira-t'elle pas se jetter dans le sein de Dieu! C'est le plus vif & le plus ardent de mes désirs. J'ai grande peur de vivre long-tems.

Plusieurs personnes sont persuadées qu'elle avoit demandé à Dieu de faire son purgatoire dans ce monde. La maniére dont elle s'exprima dans cette conversation, & la longueur de sa maladie incompréhensible qui auroit dû naturellement la faire mourir en très-peu de jours, donnent tout lieu de le penser. Elle avoit réellement l'amour & le don de la souffrance dans un souverain dégré. Les infirmités habituelles & les fréquentes maladies dont elle a été affligée depuis l'âge de 12 ans, ne suffisoient pas pour satisfaire cet amour. Cette illustre pénitente chargeoit son corps délicat de toute sorte d'instrumens de pénitence, qu'elle avoit grand soin de cacher. Se voiant comme certaine de mourir, elle en confia deux paquets à une Religieuse, en lui recommandant bien de les jetter au feu sans les ouvrir. On ne reconnut ce que c'étoit, que quand le feu eut consumé l'enveloppe. Son humilité a encore été trahie par quelques autres instrumens de même espéce qu'elle avoit oublié parmi ses hardes, & qu'on y a trouvé après sa mort. Lorsqu'elle donna ces paquets à brûler, ses femmes reconnurent que c'étoit précisément les mêmes qu'elle portoit partout où elle alloit, & qu'elle ne confioit jamais à personne. Cependant elle se reprochoit sans cesse de ne point faire pénitence ; & ne se rassuroit que sur ce que Dieu suppléoit par les maladies qu'il lui envoiöit.

F I N.

www.ingramcontent.com/pod-product-compliance
Lightning Source LLC
Chambersburg PA
CBHW051739050726
47598CB00003B/1258